ANSELM GRÜN

Musik ist der Klang der Seele

Meine liebsten Musikstücke
von Bach, Händel, Mozart u. a.

benno

MUSIK BEIM AUTOFAHREN

Ich höre, wenn ich mit dem Auto zu Vorträgen fahre, gerne die Kantaten von Johann Sebastian Bach. Das ist für mich eine geistliche Musik, die das Wort der Schrift auf musikalische Weise ausdrückt. Ich staune dabei, dass mir Neues begegnet, wenn ich eine Kantate immer wieder höre. Es gibt die vertrauten Melodien. Aber dann auf einmal berührt mich ein Wort, eine Melodie. Und ich spüre, dieser Bach hat das Wort Gottes auf seine Weise verstanden und bringt es so nicht nur in mein Ohr, sondern in mein Herz.

*W*ie selig sind doch die

Wie selig sind doch die, die Gott im Munde tragen,
doch sel'ger ist das Herz, das ihn im Glauben trägt!
Es bleibet unbesiegt und kann die Feinde schlagen
und wird zuletzt gekrönt, wenn es den Tod erlegt.

Johann Sebastian Bach, Arie aus der Kantate »Ein feste Burg ist unser Gott«, BWV 80

ENGEL – GEDULDIGE BEGLEITER

Engel sind für mich ganz wichtige Boten Gottes. Ich habe drei Engelbücher geschrieben und bin selber erstaunt über die Wirkung. Offensichtlich sehnen sich die Menschen danach, Engel als innere Begleiter zu haben, die sie schützen. Engel bringen sie in Berührung mit dem Potenzial ihrer eigenen Seele. Die Theologie sagt, Engel sind geschaffene geistige Wesen und personale Mächte, das heißt, sie schützen mein Personsein.

Ein Mädchen von 10 Jahren kam einmal auf mich zu und fragte mich: »Glauben Sie wirklich, dass der Engel mich nicht verlässt?« – »Ja, der hat Geduld mit dir.« – »Auch, wenn ich böse bin?« – »Ja, der hat Geduld mit dir.« – »Auch wenn ich immer wieder böse bin?« – »Ja, der verlässt dich nicht.« – Da fragte es ganz ernst: »Woher wissen Sie das?« – Ich sagte: »Das steht so in der Bibel.« Da ging das Mädchen getröstet weg. Es war ihm ganz ernst um diese Fragen. Später habe ich nachgedacht, warum das für das Mädchen so wichtig war. Offensichtlich hat es andere Botschaften gehört: »Du bist unmöglich«, »Mit dir kann es keiner aushalten«. Und vielleicht hat sie sich selber oft nicht ausgehalten, weil sie nicht so war, wie die Eltern das von ihr erwartet haben. Da war wichtig, dass ein Engel sie aushält, dass der Geduld mit ihr hat. Dass der Engel sie aushält, auch wenn sie sich selber nicht aushalten kann.

Gottes Engel weichen nie

Gottes Engel weichen nie,
sie sind bei mir allerenden.
Wenn ich schlafe, wachen sie,
wenn ich gehe,
wenn ich stehe,
tragen sie mich auf den Händen.

Johann Sebastian Bach, Arie aus der Kantate zum Michaelisfest »Man singet mit Freuden vom Sieg in den Hütten der Gerechten«, BWV 149

Und so sind für mich Engel wichtig, und die Arie »Gottes Engel weichen nie« höre ich gerne im Auto, weil ich mich dann auch geschützt fühle. Gerade wenn ich im Auto fahre zu den vielen Vorträgen, will ich auch, dass Gott mir den Schutzengel schickt, dass der Engel nicht von mir weicht und dass er mich auf diesen Fahrten gut ans Ziel und auch heil wieder zurück in meine Abtei bringt.

PSALMENSINGEN – MIT DEN GEFÜHLEN IN BERÜHRUNG KOMMEN

Viele Menschen werden krank, weil sie gleichsam einen Gefühlsstau haben, weil die Gefühle unterdrückt werden. Musik lockert die Gefühle auf. Für mich war gerade auch das Psalmensingen ganz wichtig, damit ich mit den Gefühlen in Berührung kommen und die ganze Seele Gott hinhalten konnte. Für mich hat die Musik diese reinigende Wirkung: Sie spricht meine Gefühle an und hält sie Gott hin, so dass sie von Gottes Geist geläutert und gereinigt werden können. Das wünsche ich Ihnen auch, dass die Musik, die Sie hören, Ihre Seele innerlich reinigt.

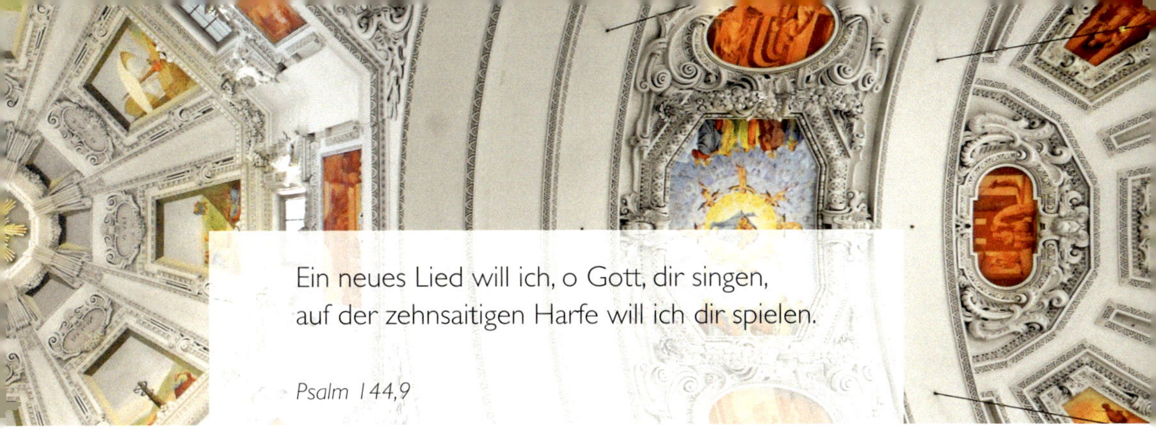

Ein neues Lied will ich, o Gott, dir singen,
auf der zehnsaitigen Harfe will ich dir spielen.

Psalm 144,9

Ich will dir danken aus ganzem Herzen,
dir vor den Engeln singen und spielen.
Du hast mich erhört an dem Tag, als ich rief;
du gabst meiner Seele große Kraft.
Dich sollen preisen, Herr, alle Könige der Welt,
wenn sie die Worte deines Mundes vernehmen.
Sie sollen singen von den Wegen des Herrn;
denn groß ist die Herrlichkeit des Herrn.

Psalm 138,1.3-5

KRAFT ZUR VERSÖHNUNG

Die Wassermusik von Georg Friedrich Händel war ein Versuch des Komponisten, sich mit dem englischen König zu versöhnen. Der König war bitter und feindlich gesinnt, und die Musik hat ihn wieder versöhnt. Das ist für mich auch etwas Wichtiges. Musik versöhnt mich mit Menschen, die mich verletzt haben, aber versöhnt mich auch mit meiner eigenen Geschichte.

Kommt her zu ihm

Kommt her zu ihm alle, die ihr leidet
und schwer beladen seid,
und er wird euch Ruhe geben.
Nehmt sein Joch auf euch und lernt von ihm,
denn er ist sanftmütig und von Herzen demutsvoll,
und ihr werdet Ruhe finden für eure Seelen.

Come unto him all ye that labour,
come unto him that are heavy laden,
and he will give you rest.
Take his yoke upon you, and learn of him,
for he is meek and lowly of heart,
and ye shall find rest unto your souls.

Georg Friedrich Händel, aus: Der Messias

WURZELN DES GLAUBENS

Meine Mutter stammt aus der Eifel. Der Vater meiner Mutter war Organist, und sie hat sehr gerne gesungen und bei uns in der Kirche immer in der Frauenmesse die Lieder angestimmt. Mein Vater stammt aus Essen-Katernberg, und weil er sich geärgert hat, dass er an Dreikönig arbeiten musste, ist er 1924 einfach ins katholische Bayern gezogen. Dort hat er ein Geschäft aufgemacht in einer sehr schwierigen Zeit und hat dieses Geschäft bis zu seinem Tod geführt. Meine Brüder haben es noch weitergeführt, bis sie es selber mit ihrer Pensionierung aufgegeben haben.
Das Singen war in unserer Familie ganz wichtig. Und mein Vater und meine Mutter haben, vor allem in der Weihnachtszeit, die alten Lieder ihrer Heimat gesungen. Das war so wie ein In-Berührung-Kommen mit den eigenen alten

Wurzeln, aus denen sie gelebt haben. Und wenn ich heute diese Lieder singe, komme ich selber in Berührung mit den Wurzeln des Glaubens meiner Eltern, die ihr Leben doch aus dem Glauben bewältigt haben und für mich Vorbild waren.

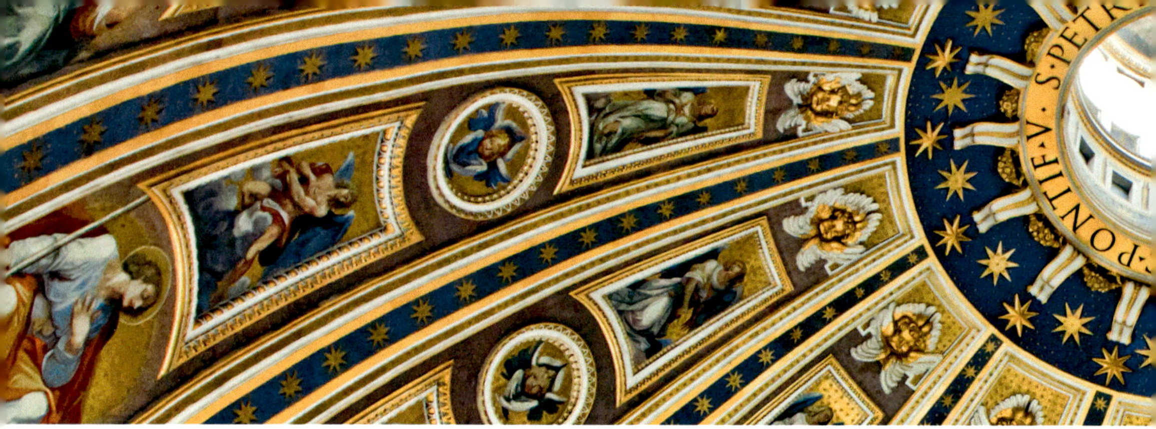

DEM EIGENEN HERZEN AUSDRUCK VERLEIHEN

Mein Vater ist früher jeden Morgen um Viertel vor sieben in den Gottesdienst gegangen. Das war für ihn ganz wichtig. Und ein Bruder von ihm war ein Mönch in Münsterschwarzach. Auf diese Weise kam ich auch nach Münsterschwarzach. Schon mit zehn Jahren habe ich einmal den Gedanken geäußert, dass Priestersein für mich doch ganz gut wäre. Mein Vater war ganz begeistert von dieser Idee und hat gefragt, ob ich Weltpriester werden möchte oder Ordenspriester. Ich wusste gar nicht, was Ordenspriester genau ist, aber dann war ich doch fasziniert von dem, was er erzählt hat: von meinem Onkel, von Missionsbenediktinern, die auch in Korea, in Afrika sind. Dann bin ich schon mit zehn Jahren ins Internat gekommen.

Natürlich habe ich einige Krisen durchgemacht in der Pubertät und vor dem Abitur, weil mir das alles zu eng und zu bürgerlich war. Aber dann bin ich doch nach dem Abitur eingetreten, einfach mit dem Gefühl: Ich möchte etwas leisten für die Kirche. Ich möchte einen Beitrag leisten für eine neue Theologie, für eine neue Seelsorge.

Ich bin mit sehr viel Ehrgeiz ins Kloster eingetreten, mit großer Willenskraft. Das hat mich nach zwei Jahren in eine ziemliche Krise gestürzt. Dabei habe ich gemerkt, ich kann nicht mit dem Willen alles unterdrücken, sondern ich

muss meine ganze Wahrheit Gott hinhalten, und da war für mich die Musik ein wichtiger Weg. Ich habe damals Cello gespielt und Cello ist für mich ein Weg, dem eigenen Herzen Ausdruck zu verleihen, denn die Töne des Cello sind sehr weiche Herztöne, bei denen die Gefühle einfach zum Klingen kommen.

JEDER IST EIN BILD GOTTES

Das Lied »Lebe dein Leben« stammt von mir selbst. Das sind Worte, die ich einmal geformt habe, die der österreichische Komponist Klaus Moser vertont hat und die Evelyn Vysher singt. Es ist für mich ganz wichtig, dass jeder sein eigenes Leben lebt. Jeder Mensch ist einmalig, und wir dürfen uns nicht mit anderen vergleichen. Jeder ist wie ein Bild Gottes, das Gott sich nur von diesem Menschen gemacht hat. Und das ist ein wichtiger Gedanke, der mich immer trägt: »Wer bin ich eigentlich? Was ist das Bild, das Gott sich in mir formen wollte?«

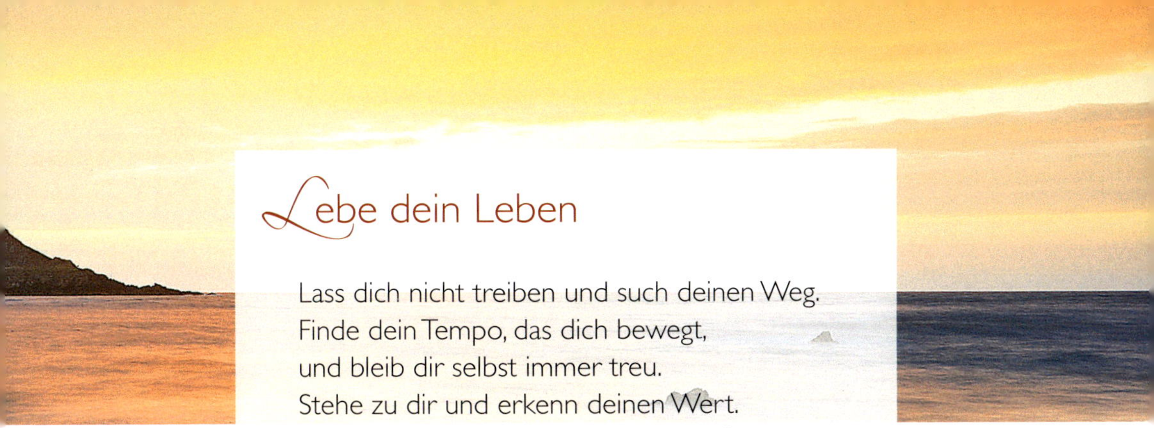

Lebe dein Leben

Lass dich nicht treiben und such deinen Weg.
Finde dein Tempo, das dich bewegt,
und bleib dir selbst immer treu.
Stehe zu dir und erkenn deinen Wert.
Leben heißt frei sein. Hast du gehört?
Dein Leben, es lebt täglich neu.

Lebe dein Leben, sonst wirst du gelebt.
Wahr deine Werte, weil Würde entsteht,
wenn Menschen sich achten, denn Liebe belebt.
Lebe dein Leben, sonst wirst du gelebt.

Lass dich nicht biegen wie Birken im Wind.
Hör auf die Stimme von jenem Kind,
das in dir lebt immerdar.
Nimm dich so an, ganz genau wie du bist.
Erst dann wirst du sehen, was du vermisst.
Und dann wird dir plötzlich ganz klar:

Lebe dein Leben, sonst wirst du gelebt.
Wahr deine Werte, weil Würde entsteht,
wenn Menschen sich achten, denn Liebe belebt.
Lebe dein Leben, sonst wirst du gelebt.

Anselm Grün

DIE SEELE BEFLÜGELN

Musik ist für mich auch ein Weg, mit meinen Gefühlen in Berührung zu kommen. Augustinus hatte schon gesagt, Musik hat mit Liebe zu tun. »Cantare amantis est.« Das kann man übersetzen: »Wer liebt, der singt auch gerne.« Man kann es aber auch anders verstehen: »Wer singt, der kommt mit der Quelle der Liebe in Berührung, die in ihm strömt.« Das ist für mich wichtig. In der Musik höre ich so eine Sehnsucht nach Liebe immer heraus, vor allem, wenn ich Mozart-Opern höre. Die Arien etwa der Gräfin in »Die Hochzeit des Figaro« drücken nicht nur die Sehnsucht nach der Liebe ihres Mannes aus. Da wird überhaupt Liebe hörbar. Es ist eine Liebe, die immer zugleich die Liebe zu einem Menschen und die Liebe als göttliche Kraft beinhaltet.

Ich lebe natürlich als Mönch allein, ehelos. Das ist für mich auch wichtig. Natürlich gab es da auch Krisen und Sehnsucht, lieber zu heiraten und eine Familie zu gründen. Aber immer, wenn ich diesen Wunsch zu Ende gedacht habe, habe ich gemerkt, nein, da würde ich verbürgerlichen, das passt für mich nicht. Aber natürlich habe ich mich immer wieder auch in Frauen verliebt. Das war für mich ein wichtiger Weg, um die eigene Liebesfähigkeit in mir zu entdecken und lebendig zu bleiben. Aber es war für mich klar, dass ich niemanden für mich erobern und für mich behalten will, sondern dass das ein Weg ist, mit der Quelle der Liebe in mir in Berührung zu kommen,

damit auch in meinem Schreiben, in meiner Verkündigung Liebe statt Härte zum Ausdruck kommt.
Was ich stets vermeiden möchte, ist das Moralisieren. Es hat mich schon in der Jugend gestört, wenn Priester moralisieren, schlechtes Gewissen bei den Hörern und Hörerinnen bewirken wollen. Schlechtes Gewissen bewirken ist für mich eine subtile Form von Machtausübung. Ich möchte die Menschen aufschließen, nicht belehren, sondern sie in Berührung bringen mit dem, was in ihrer eigenen Seele ist. Denn die Seele eines jeden Menschen weiß, was für sie gut ist, und mein Anliegen ist, diesem Wissen der Seele zu trauen. Man braucht das eben, einen Ansporn von außen, ein Wort oder auch eine Musik, damit wir mit unserer Seele in Berührung kommen oder, wie Augustinus sagt, damit die Seele beflügelt wird.

Et incarnatus est

Et incarnatus est
de Spiritu Sancto
ex Maria Virgine,
et homo factus est.
Crutifixus etiam pro nobis
sub Pontio Pilato,
passus et sepultus est.

Er hat Fleisch angenommen
durch den Heiligen Geist
von der Jungfrau Maria
und ist Mensch geworden.
Er wurde für uns gekreuzigt
unter Pontius Pilatus,
hat gelitten und ist begraben worden.

Wolfgang Amadeus Mozart, c-Moll-Messe

MUSIK VERBINDET HIMMEL UND ERDE

»Et incarnatus est« ist für mich eine wunderbare Theologie, die Mozart hier entwickelt hat. Er verbindet Himmel und Erde, Leib und Geist, Gott und Mensch. Der Leib ist der Ort, wo die Seele gerne wohnen kann, und der Leib ist ein Ort geistlicher Erfahrung.
Das wird für mich in diesem Satz wichtig. Gott ist ins Fleisch gekommen, Gott ist erfahrbar im Fleisch, er ist sinnenhaft erfahrbar. Und Gott hat die Tiefen meines Menschseins und alle meine Brüchigkeit mit seinem göttlichen Leben erfüllt und so geheilt.
In meiner Seelsorge versuche ich immer auch, den Menschen einen Weg über den Leib zu weisen, etwa in Gebetgebärden, dass wir unser Herz, unseren Leib öffnen für Gott.

DIE INNERE QUELLE

Für mich ist wichtig, dass die ersten drei Stunden am Morgen mir gehören, mir und dem Schweigen. Wir stehen ja schon früh auf im Kloster, um 20 vor 5 Uhr. Wir haben das erste Chorgebet um 5 Uhr, dann 20 Minuten stille Meditation, wo ich allein vor der Christus-Ikone sitze und das Jesus-Gebet in meine Emotionen hineinspreche, damit sie gereinigt werden, damit ich sie nicht verdränge. Dabei habe ich das Gefühl, es darf alles sein, aber es wird verwandelt von der Güte und Barmherzigkeit Jesu. Danach ist die Eucharistiefeier, und anschließend lese ich eine Dreiviertelstunde; dann erst gehe ich ins Büro.

Diese drei Stunden stille Zeit, die sind für mich wie eine Quelle, die ich jeden Tag brauche, um innerlich weitergehen zu können, um nicht von der Arbeit aufgefressen zu werden. Manche meinen: »Du arbeitest zu viel. Du musst Angst haben, ins Burn-out zu kommen.« Burn-out bekommt man nicht von der Arbeit, sondern wenn man aus trüben Quellen schöpft. Wenn man sich ständig beweisen will, wenn man Perfektionist sein will oder wenn man nicht an die Arbeit denkt, sondern ständig an das, was die anderen von einem erwarten.

Ich habe viele Menschen begleitet, die ausgebrannt waren, weil sie zu viel Energie verbraucht haben, um ihre Fassade aufrechtzuerhalten. Diese Energie hat ihnen bei der Arbeit gefehlt.
Für mich ist die Stille am Morgen, das Gebet, die Meditation, wichtig, um durchlässig zu sein. Wenn ich aus der Quelle des Heiligen Geistes arbeite, dann bin ich nicht erschöpft, weil diese Quelle unerschöpflich ist. Aber natürlich muss ich immer wieder in Berührung kommen mit dieser Quelle. Und Wege, um an die Quelle zu kommen, sind für mich die Stille und die Natur. Ich gehe gerne wandern im Urlaub. Und auch die Musik ist für mich ein Weg, um diese innere Quelle von Liebe und Freude und Frieden in mir zu spüren. Wenn diese Quelle strömt, dann strömt auch die Arbeit, und sie strengt mich nicht an.

Ich habe genug

Ich habe genug.
Ich habe den Heiland, das Hoffen der Frommen,
auf meine begierigen Arme genommen;
ich habe genug!
Ich hab ihn erblickt.
Mein Glaube hat Jesum ans Herze gedrückt;
nun wünsch ich, noch heute mit Freuden
von hinnen zu scheiden.

Johann Sebastian Bach, Arie aus der Kantate »Ich habe genug«,
BWV 82

RUHE FINDEN

Es ist für mich manchmal auch wichtig, Müdigkeit zuzulassen. Zu spüren, ich habe genug gesagt, ich habe genug getan. Dann ist diese Müdigkeit für mich etwas Wunderbares. Ich brauche gar nichts zu leisten. Ich bin einfach da, mit mir im Einklang. Ich gönne mir, einfach Zeit zu haben, auch der Müdigkeit Raum zu geben und mir einzugestehen: »Ja, ich habe genug getan. Jetzt kann ich mal ausruhen.«

Dieses Genug kommt wunderbar zum Ausdruck in der Arie des greisen Simeon, die Johann Sebastian Bach für das Fest Mariä Lichtmess komponiert hat. Simeon ist bereit zu sterben, weil er genug gesehen hat. Er hat Christus selbst ans Herz gedrückt. Das genügt ihm. Jetzt kann er sterben. Das ist keine Todessehnsucht, sondern die Bereitschaft loszulassen. Ich muss nicht alles festhalten. Wer genug gelebt hat, kann auch gut gehen. Wer nie gelebt hat, dem fällt es schwer zu gehen, denn ihm kommt beim Gedanken an den Tod zum Bewusstsein: Ich habe ja nie gelebt. Das erschrickt ihn. Ich habe genug gelebt, nicht weil ich viel gearbeitet habe, sondern weil ich immer auf der Suche nach diesem unbegreiflichen Gott bin.

Jesus bleibet meine Freude

Jesus bleibet meine Freude,
meines Herzens Trost und Saft,
Jesus wehret allem Leide,
er ist meines Lebens Kraft,
meiner Augen Lust und Sonne,
meiner Seele Schatz und Wonne;
darum lass ich Jesum nicht
aus dem Herzen und Gesicht.

Johann Sebastian Bach, Choral aus der Kantate »Herz und Mund und Tat und Leben«, BWV 147

Bibliografische Information der Deutschen Nationalbibliothek
Die Deutsche Nationalbibliothek verzeichnet diese Publikation in der Deutschen Nationalbibliografie; detaillierte bibliografische Daten sind im Internet über http://dnb.d-nb.de abrufbar.

Quellenverzeichnis
Vorsatz, S. 9, 25, 31: © Matthias Enter / Fotolia.de (Notenzeile)
S. 4: © picture-alliance / dpa / David Ebener
S. 6/7: © captblack76 / Fotolia.de; © Joy Brown / shutterstock (Engel)
S. 8/9: © Stefan Körber / Fotolia.de
S. 10/11: © anyaivanova / Fotolia.de; © giemmephoto / Fotolia.de (Engel)
S. 12/13: © Dumitru Andrei / Fotolia.de; © Micha / Fotolia.de (Blumen)
S. 14/15: © Elena Elisseeva / shutterstock; © Splat-Photo / Fotolia.de (Engel)
S. 16/17: © farflay / Fotolia.de; © Dmytro Sukharevskyy / Fotolia.de (Instrumentendetail)
S. 18: © Thomas Perkins / Fotolia.de (Rosette)
S. 20/21: © Alexandr Ozerov / Fotolia.de; © Zoran Karapancev / Fotolia.de (Engel)
S. 22/23: © Crisferra / shutterstock; © Constantin Beyer, Weimar (Engel)
S. 24/25: © hattiney / Fotolia.de
S. 26/27: © Tomas Sereda / Fotolia.de; © Nagel Photography / shutterstock (Engel)
S. 28/29: © Dmitry Pichugin / Fotolia.de

Diesem Buch liegt die Sendung „Klassik-Pop-et cetera" des Deutschlandfunks zugrunde.

ISBN 978-3-7462-3454-0

Stammerstr. 11, 04159 Leipzig
Umschlag: Ulrike Vetter, Leipzig, unter Verwendung eines Fotos von © Jose Ignacio Soto/shutterstock
Gesamtherstellung: Arnold & Domnick, Leipzig (A)

solange ich da bin.

Ich will mich freuen am Herrn. Lobe den Herrn, meine Seele! Halleluja!

Psalm 104,33 f. 35b

IM DIALOG MIT DEN MENSCHEN

Ich bin seit 47 Jahren Mönch. Aufgewachsen bin ich in der Nähe von München, und ich kam bereits mit 10 Jahren ins Internat. Mit 19 Jahren bin ich in das Kloster Münsterschwarzach eingetreten und habe später Betriebswirtschaft und Theologie studiert. Seit 34 Jahren bin ich Cellerar, das heißt der wirtschaftliche Leiter. Aber das habe ich nur im Gehorsam gemacht; meine Leidenschaft ist die Seelsorge und auch das Bücherschreiben. Ich schreibe gerne Bücher, in denen ich versuche, die Fragen der Menschen zu beantworten, die sie mir nach Vorträgen oder in persönlichen Gesprächen stellen. Wenn ich schreibe, versuche ich immer, im Dialog mit den Menschen zu schreiben.
In meiner Lebensgeschichte war mir auch immer wieder wichtig – und ich habe mich immer wieder mit dieser Frage konfrontiert – »Was heißt Leben? Was heißt Sterben?« Bereits mit 19 Jahren ins Kloster einzutreten, das war sehr früh, und ich war da sicher noch nicht besonders reif. Im Studium konnte ich einige Schritte der Nachreifung machen.
Ich bin 1964 eingetreten, 1968 war auch bei uns im Kloster eine Revolution. Wir wollten von den vielen alten Bräuchen nichts mehr wissen; wir wollten sie über Bord werfen. Wir sind Umwege gegangen: über Zenmeditation, über Gruppendynamik, über Jung'sche Psychologie, und dann haben wir versucht, von dieser Psychologie her die alten religiösen Symbole und unsere eigene Tradition der Benediktiner neu zu verstehen. Ein wichtiger Zugang in der Psychologie war auch der Weg zur Musik. Die Musik ist ja auch ein Ursprung von Therapie.